우리 집에
냥씨가
들어왔어요

서울대학교동물병원 Health⁺3

우리 집에 냥이가 들어왔어요
입양에서 장례까지

초판 1쇄 인쇄 2018년 3월 5일
초판 1쇄 발행 2018년 3월 10일

지은이 신남식·신윤주
펴낸이 성낙인
펴낸곳 서울대학교출판문화원

출판등록 제15-3호

주소 08826 서울 관악구 관악로 1
대표전화 02-880-5252 | 팩스 02-888-8148
홍보마케팅팀(주문 상담) 02-889-4424, 02-880-7995
이메일 snubook@snu.ac.kr
홈페이지 www.snupress.com

ISBN 978-89-521-2006-9 14490
978-89-521-1973-5 (세트)

서울대학교 동물병원 Health+3

우리 집에 냥이가 들어왔어요

신남식 · 신윤주 지음

입양에서 장례까지

서울대학교출판문화원

발간사

1인 가구의 급증 및 저출산·고령화 현상과 더불어 반려동물과 함께 사는 가정이 나날이 증가하고 있습니다. 한국보건사회연구원의 통계에 의하면, 한국의 경우 반려동물과 함께 사는 가구는 4가구 중 1가구에 달한다고 합니다. 반려동물과 함께 살아가는 인구가 천만이 넘는 시대가 된 것입니다.

반려동물이 우리 생활권 안에 깊숙이 들어온 만큼 이에 대한 정보 또한 넘쳐나도록 풍부해졌습니다. 그러나 그만큼 잘못된 정보들이 인터넷과 오프라인 공간을 무차별적으로 넘나들고 있는 실정입니다. 서울대학교동물병원 Health+ 시리즈는 이러한 상황에서 반려동물의 건강 및 질병, 올바른 관리법 등에 대한 표준화된 정보를 제공하고자 기획·발간되었습니다.

서울대학교동물병원 Health+ 시리즈는 무엇보다 정확한 근거를 둔 의학 정보를 제시하는 데 중점을 두었습니다. 이를 위해 서울대학교동물병원 교수진이 직접 전공 진료과별로 다양하게 검증된 의학 정보를 선별하여 수록하였습니다. 뿐만 아니라 다양한 사례와 사진, 그림 자료를 수록하여 자칫 딱딱하고 어렵게 느껴질 수 있는 전문 지식을 최대한 쉽게 전달하려고 노력하였습니다. 각 권 말미의 Q&A에서는 반려동물과 함께하며 겪을 수 있는 문제들과 그 해법을 실었습니다.

반려동물의 행복은 반려동물과 함께 사는 사람의 행복과 깊은 관련이 있습니다. 서울대학교동물병원 Health⁺ 시리즈가 반려동물의 건강에 기여하고, 나아가 반려동물과 함께 살아가는 여러분의 행복에 보탬이 되기를 바랍니다.

끝으로 이 책이 출판되기까지 오랜 기간 동안 애써 주신 서울대학교동물병원의 서강문 전임 원장님과 집필 교수진, 그리고 서울대학교출판문화원 관계자 여러분께 감사의 말씀을 드립니다. 이 시리즈의 발간으로 '동물과 사람의 행복 나눔'이라는 서울대학교동물병원의 꿈에 한 발짝 더 나아갈 수 있게 되기를 기대합니다.

2017년 8월

서울대학교동물병원장 윤정희

차례

01

냥이를 키우고 싶은데 어떤 고양이가 좋을까요?

반려동물은 평생 함께해야 하는 또 하나의 가족이다.
따라서 반려동물을 입양할 때에는
우리 가족의 특성과 잘 맞는지 신중하게 고려해야 한다.

제3의 가족, 반려동물

반려동물은 즐거움이나 이익을 위한 수단으로 길러지는 동물이 아닌, 생명체로서 존중되고 사람과 더불어 살면서 교감하는 가족의 일원으로 생각되는 동물을 말한다.

반려동물 중에서도 개와 고양이는 오랫동안 최고의 반려동물 자리를 놓고 겨루어왔다. 한 영화의 대사에서 "세

상에는 개를 좋아하는 사람과 고양이를 좋아하는 사람, 두 종류의 사람이 존재한다."라고 언급한 것만 보아도 알 수 있다.

최근에는 개와 고양이뿐만 아니라 새, 토끼, 파충류, 물고기 등 다양한 동물을 반려동물로 키우는 가족이 늘고 있다.

반려동물과 함께한다는 것

반려동물과 함께한다는 것은 수명 기간인 15~20년 동안 그들에 대해 무한한 책임을 지는 것이다. 새끼일 때는 인형처럼 귀엽고 사랑스럽지만, 그 기간뿐만 아니라 나이 들어 수명이 다하는 날까지 매일매일 밥을 챙기고 건강을 돌보는 등 많은 시간과 노력이 필요하다.

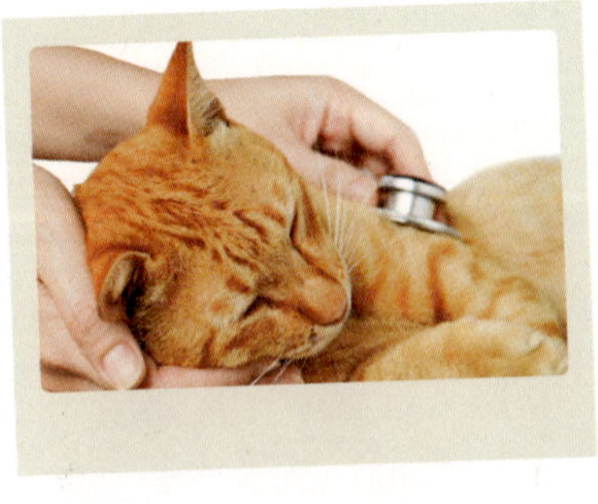

나이가 들어 아픈 곳이 많아진 반려동물에게는 치료비가 많이 들어갈 수 있다.

반려동물이 있으면 장시간 집을 비우기도 어렵다. 질병 예방을 위해서 정기적으로 건강관리를 해야 하고, 아프면 병원에 가서 검사를 받고 치료도 해야 한다. 말로 표현하지 못하는 동물들은 진단을 위해서 많은 검사가 필요하기 때문에 진료비가 비쌀 수밖에 없다.

반려동물과 함께한다는 것은, 먹이와 건강검진, 그리고 아팠을 때 치료비를 생각하면 15~20년 동안 수천만 원의 경제적인 부담을 예상해야 하고, 이에 대해 책임을 질 준비가 되어 있어야 한다는 것을 의미한다.

반려동물은 스스로 할 수 있는 것이 별로 없는 아기와 같다. 그래서 아기를 키우는 것처럼 시간과 노력, 그리고 비용까지 책임져야 하는 가족이 바로 반려동물이다. 바쁘다고 아프다고 비싸다고 포기하는 것은 가족이 아니다. 반려동물은 가족이다.

우리나라에서 주로 키우는 고양이 품종

고양이를 입양하여 키우고 싶은데 어떤 품종을 선택해야 할지 고민하는 분들을 위해 다양한 품종의 고양이에 대해 소개한다.

코리안 쇼트헤어(Korean Shorthair)

크기: 중형묘(4~4.5kg)
주요 질병: 비만, 변비, 지방간, 관절염

정식으로 등록된 학명은 아니지만 우리나라에 살고 있는 길고양이들을 지칭한다. 여러 품종이 섞여 있고 종류가 다양하여 외모나 성격을 단정지을 수 없다. 자연적으로 발생한 품종이기 때문에 대부분 단모종이며, 추위를 견디기 위해 속털이 나 있다. 간혹 유전적인 결함이 나타나기도 하는데, 가장 흔한 것이 꼬리 모양의 기형이다.

페르시안(Persian)

원산지: 아프가니스탄
크기: 대형묘(4~8kg)
유전 질환: 심장병, 호흡기 질환(단두종 증후군),
안구 질환(각막염, 눈물과다), 관절 질환

세계적으로 가장 인기가 많은 종으로 귀여운 외모와 조용한 성격이 특징이다. 인기에 걸맞게 교배가 많이 이루어져 종류도 다양하다. 눈과 털의 색, 코의 모양에 따라 익스트림, 친칠라, 이그조틱, 클래식 등으로 나누어진다. 머리부터 꼬리까지 긴 털로 뒤덮인 장모종으로 털 관리에 신경을 써야 한다.

샤미즈(Siamese, 샴)

원산지: 태국
크기: 중소형묘(3~6kg)
유전 질환: 소화기 및 호흡기 질환

태국에서 왕들이 키우던 고양이로 영리하고 고급스럽게 생긴 것이 특징이다. 몸은 길고 유연하며, 가는 다리와 길고 가는 꼬리를 가지고 있다. 털이 짧고 빳빳한데, 겉은 진한 갈색, 안쪽은 흰색이다. 주둥이와 발, 꼬리 등 몸 끝부분의 색이 더 진하다. 색깔과 털의 형태는 유전적으로 열성 형질이다. 즉 다른 품종과 교배했을 때 바로 다음 세대에는 샤미즈의 색깔과 털 모양이 나타나지 않는다. 사람을 좋아하고 영리해서 훈련이 가능하지만, 지나치게 활달해서 시끄러운 편이다.

러시안 블루(Russian Blue, 러블)

원산지: 러시아
크기: 중형묘(3.5~4.5kg)
유전 질환: 대체로 건강

러시아가 원산지이며 줄여서 '러블'이라고도 불리는 이름처럼 사랑스러운 외모의 이 고양이는 파란색 눈과 청회색의 오묘한 털이 특징이다. 좁은 아파트에서도 잘 적응하고 혼자 있어도 얌전히 잘 놀아서 우리나라에서 가장 많이 키우는 품종이기도 하다. 눈 색깔이 세 번 변하는 것으로 유명한데, 처음 태어났을 때는 청회색이던 눈이 2개월쯤 되었을 때 노란색으로 바뀌고, 6개월쯤 되었을 때 다시 초록색으로 바뀐다.

아비시니안(Abyssinian)

원산지: 아프리카(에티오피아), 유럽
크기: 중대형묘(4~7.5kg)
유전 질환: 진행성 망막 위축증, 아밀로이드증

고대 이집트에서 신성한 동물로 여겨져 왕궁에서 키워졌다고 한다. 피라미드에서 출토된 고양이 조각상이 이 품종과 매우 닮았다. 체형은 다른 고양이에 비해 가늘고 길쭉하며, 머리가 작고, 털은 너무 짧지 않은 단모종이다. 보통 고양이들이 혼자 있기를 좋아하고 신체 접촉을 꺼리는 반면, 이 고양이는 사람을 매우 좋아한다.

스코티시 폴드(Scottish Fold)

원산지: 스코틀랜드
크기: 중형묘(4~6kg)
유전 질환: 뼈 기형(연골이형성증),
다낭성 신장 질환

둥근 얼굴과 통통한 뺨, 동그란 눈, 접힌 귀 등 순진하고 친근한 외모와 사랑스러운 성격 덕분에 많은 사랑을 받고 있다. 그러나 돌연변이로 태어난 품종이기 때문에 기형 관절 등 유전성 질환이 있어 유럽에서는 정식 품종으로 인정되지 않고 있다. 최근 우리나라에서도 유전성 질환의 심각성이 알려져 입양에 있어 신중함이 요구되는 추세이다.

노르웨이 숲 고양이(Norwegian Forest)

원산지: 노르웨이
크기: 중대형묘(5.5~7kg)
유전 질환: 다낭성 신장 질환

오랜 세월을 거쳐 북유럽의 추운 날씨를 견딜 수 있는 방수성 장모로 진화한 것으로 보인다. 크고 튼튼하며, 다리와 몸이 전체적으로 단단한 근육질이다. 부드럽고 빽빽한 속털과 기름기 있는 겉털이 특징이며, 눈은 파란색을 제외한 모든 색을 가질 수 있다. 전신이 흰색이라면 파란색 눈도 순종으로 인정된다. 사람을 좋아하고 끈끈한 유대감을 보이며 사랑스러운 성격이다.

브리티시 쇼트헤어(British Shorthair)

원산지: 영국
크기: 중대형묘(4~8kg)
유전 질환: 심장 질환(비대성 심근병증, 심장 비대증)

생후 3~5년까지 자라는데, 일반적으로 암컷보다 수컷이 더 크다. 크고 둥그런 머리를 가지고 있으며, 귀는 머리에 비해 작다. 눈은 크고 둥글며 볼살이 있어서 심술맞아 보이는 인상을 준다. 덩치가 큰 편이기 때문에 사람의 무릎에 앉아 있기보다는 곁에 머물며 여유를 즐기는 것을 좋아한다.

Doctor's Memo

궁합이 맞는 반려동물을 선택하자

나에게 딱 맞는 고양이

고양이를 우리 가족으로 받아들이기 전에 결정해야 할 사항들이 있다. 새끼 고양이를 키울지 어른 고양이를 키울지, 암고양이를 키울지 수고양이를 키울지, 장모종 혹은 단모종 등 어떤 품종을 키울지, 또한 집안에서만 키울지 바깥에도 내보낼지 등등 다양하다.

새끼 고양이 / 어른 고양이

고양이를 처음 키우는 사람에게는 성격과 습관이 형성되어 그 고양이가 어떤 고양이인지 보다 확실하게 알 수 있는 어른 고양이를 입양하는 것이 추천되기도 한다. 새끼 고양이를 입양할 경우 예방접종과 중성화 수술 등 초반 의학적 처치에 대한 비용이 발생하고, 식성이나 배변, 혹은 놀이행동 같은 전반적인 행동과 성격의 발달을 보호자가 직접 관리해줘야 하는 어려움이 있기 때문이다. 그러나 집에 다른 동물이 있거나 여러 마리를 같이 입양할 경우 어린 고양이일수록 상황에 빠르게 적응할 수 있는 장점이 있으며, 새끼 고양이가 성장해가는 모습을 보는 것도 큰 즐거움이 될 수 있다.

암고양이 / 수고양이

성별에 따라 성격적인 부분에서는 크게 차이가 없다고 알려져 있다. 그러나 수컷의 경우 성 성숙 시기 이후 영역 표시를 하는 마킹(marking) 행동이 발생하는데, 냄새가 심하고 성격도 좀 더 공격성이 증가될 수 있는 가능성이 있기 때문에 가급적 중성화 수술을 해주는 것이 추천된다. 암컷의 경우 성 성숙 시기 이후 발정에 의해 스트레스가 큰 것으로 알려져 있다. 또한 암수 모두 나이가 들수록 각종 생식기 유래 질병에 노출될 가능성이 증가하므로, 이후 새끼를 볼 계획이 없을 경우 가급적 중성화 수술을 해주는 것이 추천된다.

장모종 / 단모종

고양이는 기본적으로 깨끗하지만 털빠짐이 심한 동물로서, 장모종와 단모종의 털빠짐의 차이는 그리 크지 않다. 따라서 고양이 털에 알레르기가 있는 사람에게 고양이 입양은 적합하지 않다. 가족 중 알레르기가 있는 사람이 있다면 입양을 포기하는 것이 서로를 위해 현명하다. 고양이는 장모종/단모종 모두 충분한 빗질을 필요로 하는

데, 특히 장모종의 경우 스스로 그루밍(grooming)할 때 잘 닿지 않는 엉덩이나 사타구니, 위쪽 목 등의 털이 심하게 엉켜 오염될 가능성이 크므로 보다 꼼꼼한 관리가 필요하다.

특정 품종을 원할 경우

특정 품종을 원할 경우 그 품종에 대한 정보를 정확하게 알고, 특히 유전병 등의 문제에 대해 관심과 대처 방안을 가지고 있는 브리더를 찾아야 한다. 최근 유행하는 스코티시 폴드의 경우, 근친교배로 인한 유전적 문제로 알려져 있는 연골이형성증에 대한 사전정보 없이 단지 귀여운 외모만으로 무분별하게 분양·입양하여 이후 다양한 문제가 발생하는 사례가 발견되고 있다. 모든 품종묘는 그 모습을 갖추기 위한 근친교배가 선행되어 유전병이 발생할 가능성이 높으므로, 이러한 문제에 관심을 가지고 가급적 유전적 다양성을 추구하는 브리더를 통해 입양하는 방법이 문제가 발생할 확률을 낮출 수 있다.

02

입양은 어떻게 하나요?

반려동물을 입양할 때에는
절대 충동적으로 결정하지 않고 오랜 시간 심사숙고해야 한다.
입양은 여러 가지 방법을 통해 이루어지고 있으나
유기동물보호센터를 통한 입양을 권장한다.

반려동물 입양

반려동물을 입양한다는 것은 15~20년을 책임질 새로운 가족을 맞이하는 것이다. 따라서 절대 충동적으로 결정할 수 있는 것이 아니다. 귀엽다고 또 불쌍하다고 충동적으로 입양한 후에 어려움을 느끼고 파양을 하게 된다면 서로에게 큰 상처가 될 수 있다.

따라서 반려동물을 입양하기 전에 여러 단체에서 제공하는 입양신청서를 작성하며 입양할 준비가 되었는지 고민해보는 과정이 필요하다.

만약 부모는 원하지 않으나 어린 자녀가 졸라서 반려동물을 입양하려 한다면 자녀가 충분히 성장하여 책임감을 가지고 돌볼 수 있을 때까지 기다리는 것이 좋다. 자녀가 너무 어린 경우에는 반려동물을 원하지 않았던 부모가 결국 이들을 돌보게 되어 문제가 생길 수 있다. 모든 가족이 동의하지 않은 경우, 특히 부모가 원하지 않은 경우 반려동물이 파양되는 사례가 많다.

또한 결혼과 출산을 앞두고 있다면 시간을 갖고 생활이 안정된 후에 입양을 하는 것이 좋다. 현재 많은 반려동물들이 보호자의 결혼과 출산으로 인하여 파양되고 있는 실정이다.

입양 전 꼭 생각해야 할 것들

- 가족이 모두 입양에 대해 동의했나?
- 반려동물에 대한 가족의 알레르기나 건강 상태를 확인했나?
- 반려동물을 주로 돌볼 가족을 정하였나?
- 현재 함께하고 있는 다른 반려동물이 있나? 만약 있다면 모르는 동물을 만났을 때 친화적인가?
- 결혼, 이사, 출산, 취업 등의 변화가 생길 때 반려동물에게도 변화가 있을 수 있나?
- 매달/매년/평생 동안 예상되는 비용을 계산해 보았나?
- 반려동물과 함께할 수 있는 시간은 하루에 어느 정도 되나?
- 반려동물의 건강을 위해서 필요한 예방적인 관리에 대해서 알고 있나?

일단 입양하여 가족이 된 후에는 지금 함께하는 가족이 가장 좋은 가족이다. 더 좋은 가족과 행복하게 살라고 보내는 것도 슬픈 파양일 뿐이다. 따라서 입양을 고려한다면 심사숙고해야 한다.

입양 방법

유기동물보호센터를 통한 입양

농림축산검역본부의 동물보호관리시스템을 통해 유기동물보호센터에서 원하는 유기동물을 입양받을 수 있다. 자세한 입양 방법은 다음과 같다.

- 시·군·구청에서 보호하고 있는 유기동물 중 보호시설에서 공고한 지 10일이 지나도 주인이 나타나지 않는 경우 일반인에게 분양할 수 있다.
- 입양 보호시설에 미리 전화로 문의하여 담당자의 안내에 따라 방문 일시 등을 예약한다.
- 입양 시 신분증 복사본 2장과 크레이트 등 필요한 물품을 준비하고 보호시설을 방문해 입양 계약서를 작

성한다.

- 입양 보호시설에는 신청자 본인이 직접 방문한다.
- 미성년자에게는 반려동물을 분양하지 않는다. 분양을 원하는 미성년자는 부모의 허락을 얻어 반드시 부모와 함께 방문해야 한다.

ㅣ농림축산검역본부 동물보호관리시스템(www.animal.go.kr)의 유기동물보호센터 화면

임시보호 중인 고양이의 입양

고양이를 처음 키우는 가정인 경우에는 임시보호를 하면서 고양이와 함께 생활을 해본 후에 입양을 결정하는 것도 좋은 방법이다.

임시보호 관련 단체로는 동물자유연대(www.animals.or. kr), 카라(www.ekara.org), 그리고 개인 혹은 민간구조단체 등이 있는데, 홈페이지를 참고하면 임시보호가 필요한 고양이들을 만날 수 있다.

가정묘 분양

주로 인터넷 동호회와 가정묘 분양을 위한 인터넷 카페를 통해서 분양이 이루어진다. 가정묘 입양을 원한다면 부모 고양이가 함께 사는지 여부와 함께 사는 환경도 꼭 확인해야 한다. 그리고 충분히 젖을 먹고 자라서 6주령 이상 되었는지 확인한 후에 입양을 한다. 6주령 이하일 경우에는 입양을 결정했다 하더라도 시간을 두고 기다리는 것이 좋다.

전문 브리더를 통한 분양

특정 품종만을 전문적으로 브리딩하는 켄넬에서 분양을 받고자 한다면 윤리 의식을 가진 좋은 브리더를 찾아야 한

다. 켄넬을 결정한 후 직접 방문하여 브리더와 대화를 나눠보고 켄넬에 있는 부모 고양이를 만나본 후에, 외모와 품성이 마음에 든다면 입양 의사를 밝힌다. 대부분은 시간을 두고 기다려야 한다.

- 브리더(breeder): 가축이나 식물의 교배, 사육, 생산을 하는 직종 혹은 그 직종을 가진 사람을 말하며, 주로 개나 고양이의 혈통 관리와 분양을 하는 사람을 통칭한다.
- 브리딩(breeding): 품종개량, 번식, 사육을 뜻한다.
- 켄넬(kennel): 보통 개집을 의미하나, 특정 품종을 번식·사육·훈련 및 위탁사육을 하는 곳을 말한다.

펫샵/동물병원을 통한 입양

최근 개·고양이 번식 농장의 비윤리적인 측면이 부각되면서 가급적 펫샵에서의 입양을 지양하고, 대신 유기동물을 입양하자는 사회적 분위기가 조성되고 있다.

동물보호소에서 입양할 경우, 해당 동물의 성격이나 특징을 어느 정도 파악하고 입양하여 이후 보호자가 동물과 적응하기 보다 쉬운 장점이 있다. 그러나 보호소에서 확인되지 않은 정보들로 인해 행동학적 문제가 발생할 수 있음을 항상 명심하고 입양을 고려해야 한다. 예를 들어, 유기동물의 경우 특히 배변 문제 등과 같이 실내에서의 올바른 행동 교육이 제대로 되어 있지 않을 수 있으며, 어떤 트라우마적인 경험으로 인해 특정 사물이나 사람을 무서워하거나 공격성을 발휘할 가능성도 있다.

어떤 경로를 통해 입양하든지 이러한 문제가 생길 수 있는 것은 마찬가지이나, 특히 동물보호소에서 입양할 경우 문제가 발생할 수 있다는 충분한 이해와 책임감이 있어야 한다.

한편 지하철역이나 번화가에서 개나 고양이를 파는 노점상을 흔히 접하게 되는데, 이는 모두 불법이다. 등록대상 동물을 판매할 경우 반드시 관할 시·군·구청에 등록하도록 동물보호법이 강화되었으므로 고양이를 입양할 때에는 등록된 업소인지 꼭 확인한다.

또한 고양이를 입양할 때에는 충분한 연령이 되었는지, 건강한지 확인한 후에, 반드시 입양 계약서를 꼼꼼하게 작성해야 한다.

분양(입양) 계약서에 명시되어야 하는 사항

- 분양업자의 성명과 주소
- 고양이의 출생일과 판매업자가 입수한 날
- 혈통, 성, 색상 및 판매 당시의 특징
- 면역 및 기생충 예방접종 기록
- 수의사의 치료 기록 및 약물투여 기록
- 판매 당시의 건강 상태
- 구입 금액과 구입 날짜 등

03

입양 전후 꼭 해야 할 것들에 대해 알려 주세요

고양이 입양에 앞서 필요한 물품으로는 기본적인 것으로
이동장인 크레이트와 사료 및 그릇, 화장실 등이 있으며,
입양 직후에는 건강검진 및 예방접종, 그리고
사람과 함께 살기 위한 다양한 행동학적 교육이 이루어져야 한다.

입양 전 준비해야 할 것들

크레이트

이동장, 케이지, 켄넬이라고도 불리며, 반려동물을 이동시킬 때 사용한다. 크레이트는 반려동물을 가두는 용도로 사용하는 것이 아니라, 동물과 사람 모두가 편한 전용 이동수단을 마련해주는 것이다.

고양이를 입양한 후 집으로 데려올 때는 안전을 위해서 크레이트로 이동하며, 집에 도착해서 크레이트 문을 열어주면 새로운 환경에 비해 크레이트가 더 익숙하기 때문에 크레이트를 가장 편

안한 공간으로 인식하면서 자연스럽게 크레이트 교육이 된다.

특히 병원에 가야 하는 등 밖으로 나가야 하는 상황에서 고양이의 스트레스를 최소화하기 위해서는 크레이트 교육이 필수적이다.

사료

가능하면 입양 전에 먹던 사료와 같은 사료를 준비하고, 새로운 사료로 바꿀 때에는 약 1주일에 걸쳐서 매일 조금씩 새로운 사료를 섞어가며 서서히 바꿔준다.

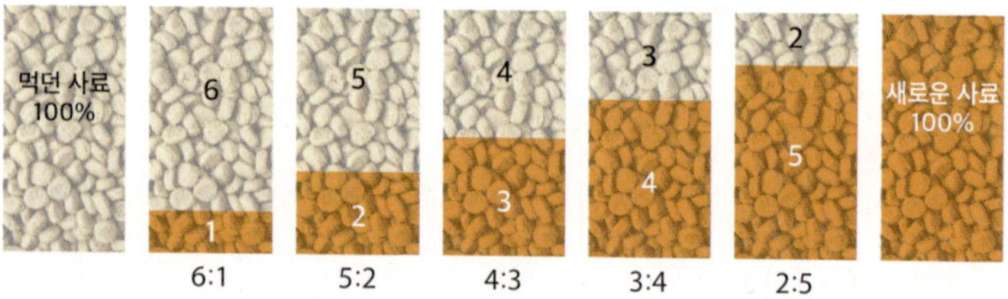

| 위장에 부담이 되지 않도록 사료를 바꾸는 방법

물그릇, 밥그릇

너무 작지 않은 크기로 잘 쏟아지지 않는 그릇으로 준비한다. 스테인리스나 도자기와 같이 녹이 슬지

않고 위생적인 재질이 좋다. 일부 고양이는 수염이 그릇에 닿는 것을 싫어해 밥을 먹지 않기도 하는데, 이럴 경우 바닥이 얕은 그릇이 보다 추천된다.

화장실

다양한 고양이 전용 상품이 나와 있다. 화장실 모래는 저렴한 모래 타입, 가볍고 먼지가 나지 않는 나무나 종이 등의 펄프 타입이 있다. 종이 기저귀 같은 시트 타입도 있는데, 모래가 없으면 배설하려 하지 않는 고양이를 돌볼 때 시트를 모래 밑에 깔아주면 청소가 편리하다.

고양이들은 자연적으로 탁 트인 공간에서 배변·배뇨를 하는 습성이 있기 때문에, 뚜껑이 있는 화장실보다는 없는 화장실을 선호하는 경향이 있다. 또한 환기 차원에서도 가급적 뚜껑이 없는 화장실이 추천된다.

빗, 샴푸

피부와 피모 건강을 위해 매일 빗질이 필요하며 피모 상태에 따라 보통 1~2주에 한 번 목욕을 해야 하기 때문에 미리 빗과 샴푸를 준비

해둔다. 빗의 종류는 다양하지만 끝부분이 날카롭지 않는 제품을 고른다. 고양이 피부는 사람 피부와 다르기 때문에 고양이 전용 샴푸를 선택한다.

스크레처

고양이의 습성 중 하나가 발톱으로 무언가를 긁는 것이기 때문에 스크레처가 필수용품 중 하나로 꼽힌다. 스크레처를 놓을 때는 고양이의 주의를 끌 수 있는 곳, 고양이가 주로 긁는 물건 근처 등을 살펴보고 설치한다. 스크레처의 재질, 수평 혹은 수직, 위치 등이 고양이마다 선호가 다양하므로 자신의 고양이의 선호를 파악해 구비해주는 것이 좋다.

입양 직후 해야 할 것들

건강검진

고양이가 기생충이나 기타 전염성 질환에 감염되어 있지는 않은지 건강 상태를 검진받는다.

구충 기생충 예방은 고양이와 사람의 건강을 위해 꼭 필요하다. 기생충은 몸 안에 사는 내부 기생충과 몸 밖에 사는 외부 기생충으로 나뉜다. 가장 흔하게 감염되는 회충은 태반감염으로 어미 고양이로부터 태아로 옮겨가므로, 어미 고양이의 구충 여부와 어떠한 환경에서 살았는지 확실하지 않다면 입양 당일 구충제를 투약하는 것이 좋다.

외부 기생충은 벼룩이나 이, 옴, 진드기 등 피부나 귀에 기생하는 기생충으로, 청결하지 않은 환경에서 살았던 고양이의 피부에서 자주 발견되므로 수의사와 상담한 후 적절한 치료를 한다.

심장사상충 모기를 매개체로 감염되는 기생충으로, 다른 내부 기생충과 달리 혈관을 통해 심장 및 폐동맥에 기생하여 호흡계·순환계 등 신체 전반에 치명적인 문제를 일으키며 사망에도 이르게 하므로 주의해야 한다. 국내 감염률이 매년 높아지고 있고, 특히 실외에서 지내는 고양이는 더 높은 감염률을 보인다. 최근에는 1년 내내 모기가 발견되면서 이에 대한 예방이 더 필요하게 되었다.

예방약은 약 3개월령부터 투약을 시작하며, 수의사와 상담한 후 투약하는 것이 좋다.

예방접종

건강하고 스트레스를 덜 받은 상태에서 예방접종을 하는 것이 좋다. 따라서 입양 당일보다는 1주일 정도 새로운 가정에 적응한 후에 예방접종을 한다.

어미에게 물려받은 면역항체(모체이행항체)는 생후 45일부터 줄어들기 시작하므로, 이 시기에 꼭 예방접종을 하여 백신접종을 통해 항체를 생성해주어야 한다.

필요한 예방접종의 종류로는 종합백신, 코로나장염 백신, 켄넬코프 백신, 인플루엔자 백신, 광견병 백신 등이 있다. 예방접종은 건강한 상태에서 해야 하므로 꼭 수의사의 검진이 필요하다.

예방접종을 다 했다고 항상 항체가 충분하게 만들어지는 것이 아니므로, 예방접종을 마친 후에는 항체검사를 통

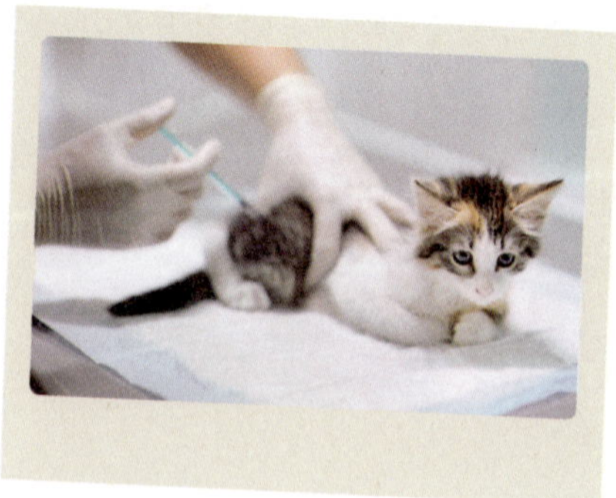

해서 면역이 충분히 형성되었는지 확인해야 한다. 또한 접종 후 평생 동안 면역이 유지되지 않으므로 매년 항체가 검사 후에 항체가가 낮은 경우에는 추가접종을 한다.

예방접종을 한 후에는 편안히 쉴 수 있도록 해주고, 목욕이나 과도한 운동은 2~3일 정도 피하는 것이 좋다. 만약 붓거나 구토, 설사, 경련, 두드러기 등의 알레르기 증상이 나타나면 즉시 병원에 가서 치료를 받는다.

고양이 등록

2014년 1월 1일부터 동물등록제가 전국으로 확대 시행되어 개를 소유한 사람은 반드시 동물등록을 해야 하는 반면, 고양이의 경우에는 이에 해당되지 않았다. 그러나 반려묘가 늘어남에 따라 유기·유실 고양이 수도 증가하고 있어, 농림축산식품부는 2018년 1월 15일부터 '고양이 동물등록제'를 전국에서 시범 실시하고 있다.

고양이는 행동 특성상 외장형 식별장치가 분실·훼손될 위험이 크기 때문에 내장형 무선식별장치(마이크로칩)만 사용 가능하다. 이에 대한 부작용을 우려하는 지적도 있지만,

수의사 등 전문가들은 마이크로칩으로 인한 심각한 부작용 사례는 발견되지 않았다고 주장하고 있다.

등록을 희망하는 고양이 보호자는 본인 주소지 관할 지자체의 시범사업 참여 여부를 확인한 후, 동물병원 등 동물등록 대행업체에 수수료 1만 원과 마이크로칩 비용 등을 납부하고 등록하면 된다.

예방접종 기본 스케줄

고양이에게 필요한 기본적인 예방접종과 그 시기는 다음과 같다.

▶ 종합백신

고양이 예방접종은 보통 3차까지 한다. 생후 2~3개월 이후부터 1차 접종을 시작하는데, 3~4주 간격으로 총 3회 접종한다. 3종 종합백신은 고양이 범백혈구 감소증, 고양이 바이러스성 비기관염, 고양이 칼리시 바이러스 예방이 그 목적이다. 3차 이후엔 광견병 주사를 한 번 더 맞는다.

▶ 백신으로 예방 가능한 질병

- 고양이 범백혈구 감소증: 파보 전염병으로 불리며, 감염된 고양이의 소변과 대변으로 배출되는 바이러스에 의해 전염된다. 구토, 설사, 식욕감소, 발열 등의 증상과 급성 장염, 혈액검사에서 백혈구 및 림프구 수치의 감소가 나타난다. 유산 혹은 사산을 유발하며, 새끼 고양이가 걸릴 경우 치사율이 50~90%까지 나타난다. 특별한 치료약이 없기 때문에 예방만이 최선의 치료 방법이다.
- 고양이 바이러스성 비기관염: 헤르페스 바이러스에 의한 전염병으로 바이러스가 결막과 콧속 점막에 증식하여 염증을 일으킨다. 주로 콧물을 흘리거나 눈곱이 많이 끼는 증상이 나타나며, 심하면 결막염·각막염까지 일으키게 된다. 면역력이 약한 어린 고양이에게 쉽게 발병하고, 한번 발병되면 위험한 결과를 초래할 수 있으므로 반드시 조기에 치료해야 한다.

- 광견병: 뇌와 신경계를 공격하는 가장 위험하고 치명적이며 치료법이 없는 질병이다. 감염된 동물에게 물렸을 때 타액에 의해 전파가 일어난다. 고양이 역시 감염 숙주로 사람에게 치명적인 질병을 일으킬 수 있기 때문에 생후 13주 이상의 고양이는 반드시 접종한다. 매년 추가접종을 해야 하며, 그렇지 않은 고양이라도 적어도 3년에 한 번은 추가접종을 해준다.

구분	특징	접종법	8~9주	12주	15주	17주	19주
종합 백신	종합백신 접종은 반드시 해야 함. 매년 추가검사 필요. 범백혈구 감소증의 경우 접종 효과가 매우 좋음.	3주 간격으로 총 3회 접종. 접종 후 항체가 검사를 통해 추가접종	1차	2차	3차		
광견병	생후 13주 이상의 고양이에게는 반드시 접종				1차		
고양이 백혈병	완전하게 질병을 예방하지 못하고 부작용도 있지만, 질병의 심각성을 고려했을 때 접종할 것을 추천함.	3주 간격으로 2회 접종		1차	2차		
고양이 복막염	완전하게 질병을 예방하지 못하고 부작용도 있지만, 질병의 심각성을 고려했을 때 접종할 것을 추천함.	3주 간격으로 2회 접종				1차	2차

반려인이 알아야 할 입양 상식

Doctor's Memo

고양이가 처음 집에 왔을 때

고양이 입장에서는 새로운 환경에서 모든 것이 낯설고 두려운 가장 불안한 날이 될 수 있다. 충분히 시간을 두고 고양이가 낯선 환경과 가족에 적응할 수 있도록 기다려준다.

유기동물보호센터에서 입양을 한 경우, 고양이의 과거 경험에 의해 사람에 대한 공포가 있을 때에는 새로운 가족에 적응하는 시간이 더 필요할 수 있다. 적응을 돕기 위해 고양이가 좋아하는 간식을 조금씩 주면서 기분 좋은 경험을 하게 해주면 시간이 조금 오래 걸리더라도 이내 훌륭한 가족이 될 수 있다.

고양이를 키우고 있는데 새로운 고양이를 또 입양한 경우

인터넷 동호회 사이트 등에서 보면 고양이를 새로 들였을 때 기존 고양이와의 합사에 실패하여 파양하는 경우를 흔히 볼 수 있다. 고양이들의 사회는 우리에게 알려진 것 이상으로 복잡하여 우리가 인식하지 못하는 요인들로 인해 고양이끼리의 사이가 나빠지는 경우가 흔하며, 새로운 고양이와의 합사는 매우 신중하게 이루어져야 한다. 고양이는 영역 동물이기 때문에 새로운 개체가 자신의 영역에 들어오는 것에 본능적인 공격성을 보이고 심각한 싸움이 발생하는 경우도 발생할 수 있다. 따라서 새로운 고양이와 기존 고양이는 어

느 정도 시간을 두고 격리하였다가 천천히 접하게 해준다.

고양이의 체취가 묻은 옷이나 케이지 등을 서로가 보이지 않는 곳에서 교환하여 고양이들이 서로의 체취에 먼저 익숙하게 한다. 익숙해지는 시간을 가급적 오래 갖는 것이 좋다. 이후 이동장이나 케이지, 혹은 펜스 등으로 분리된 공간에서 서로를 인식하게 하는 시간을 주어야 한다. 이 시간 역시 어느 정도 오래(경우에 따라서는 며칠 이상) 갖는 것이 현명하다. 더 이상 고양이들이 서로에게 경계심을 보이지 않고 일상적인 생활이 가능할 때 합사를 조심스럽게 추진한다. 서로를 최소 동거하는 동물로 받아들이기 전까지는 언제든지 공격성이 발생할 수 있기 때문에, 합사 이후에도 보호자는 상황을 계속 살펴본다.

이후 고양이들이 아주 가깝게 친해진다거나, 단순히 같은 공간에 사는 다른 동물로 받아들인다든가 등과 같은 사회적 관계에 대한 부분에 대해서는 보호자가 간섭할 수 있는 여지가 적다.

개를 키우고 있는데 고양이를 입양한 경우

개와 고양이는 의사소통 방식에서부터 완전히 다른 동물로, 두 동물을 함께 키우고자 한다면 최대한 어릴 때 합사하는 것이 좋다. 사회화가 잘 된 개와 고양이는 서로 별 문제 없이 받아들여 이후 평화로운 가족이 될 수 있다.

그러나 그렇지 않은 경우도 많은데, 성견이 있는 상태에서 고양이를 데려올 경우 두 동물 모두 극심한 스트레스를 받을 가능성이 있다. 고양이의 빠른 움직임이 개에게는 보통 시각적으로 상당히 자극적이므로 본능적으로 고양이를 쫓는 행동을 보일 수 있다. 특히 개가 어릴 경우 왕성한 활동력으로 고양이를 쫓는 것으로 놀이 욕구를 채울 소지가 크다.

따라서 고양이가 피할 수 있는 선반이나 캣타워 등 수직적으로 높은 공간이 필요하다. 고양이도 자신을 쫓아다니는 개를 공격하는 경우가 흔하게 발생하므로 개 역시 자신만이 숨을 수 있는 공간이 필요하다. 또한 고양이의 사료가 보다 고단백인 경우가 많아 개가 그 사료나 배변에 관심을 가지는 경우도 흔하므로, 가급적 개가 접근하지 못하는 위치에 고양이의 밥그릇과 화장실을 배치하는 것도 필요하다.

간혹 개 혹은 고양이 쪽에서 지속적으로 공격성을 보여 파양하는 경우도 발생한다. 이럴 때에는 행동학 전문 수의사와 행동학적 문제에 대해 상담하여 공격성 문제를 해결하는 것이 좋다.

| 사회화가 잘된 개와 고양이는 평화로운 가족이 될 수 있다.

04

건강한 식습관을 길러 주고 싶어요

고양이가 건강하게 자라기 위해서는
바르게 먹는 건강한 식습관이 필요하다.
건강한 식습관은 어릴 때 익혀주는 것이 효과적이다.
고양이에게 좋은 음식과 좋지 않은 음식을 구분해주는 것이
그 첫걸음이라 할 수 있다.

고양이가 건강하게 자라기 위해서는 사람과 마찬가지로 바르게 먹는 건강한 식습관이 필요하다. 사람에게 좋은 음식이 모두 고양이에게 좋은 것은 아니다. 고양이를 건강하게 키우기 위해서는 기본적인 영양학 지식을 알아야 한다.

좋은 사료 고르는 방법

고양이는 사료 의존도가 높은 동물이기 때문에 사료에 대해 관심을 기울일 필요가 있다. 사료 의존도가 높다 보니 사료에 따라 모질이나 변 상태 등 건강상태가 좌우되기도 한다.

연령대에 맞는 사료

가장 기본이 되면서 중요한 기준은 연령대에 맞는 사료를 선택하는 것이다. 고양이의 연령대에 맞게 사료를 선택해서 먹이고 있는지를 제일 먼저 확인한다.

사실 전(全) 연령대 사료는 성묘용을 기준으로 한 영양요구량이므로 보호자의 입장에서는 간편하지만 영양과 균형 있는 식생활에 항상 도움이 되는 것은 아니다. 따라서 자묘용, 성묘용, 중성화를 한 성묘용, 노령묘용 등 각 연령대에 맞게 사료의 종류를 바꿔주는 것이 좋다.

제조회사 파악

어떤 사료든지 그 제조회사에 대해서 알아보고 구매하는 것이 좋다. 그 회사가 믿을 만한 회사인지, 자체 연구시설을 갖춘 곳인지, 노하우와 기술을 가지고 있는지 알아본다.

지속적으로 구매 가능한지 확인

소규모 회사 제품을 수입하는 경우 간혹 지속적으로 수입이 되지 않아 구매가 어려울 수 있으며, 오랫동안 지속적으로 공급되어 온 사료가 앞으로도 구매하기가 편리할 수 있다. 특히 고양이는 한번 형성된 입맛이 바뀌기 어려운 동물이므로, 절판된 사료만을 선호할 경우 이후 식사관리에 문제가 생기는 경우가 많다. 따라서 사료 출시의 지속력은 고양이 사료를 결정할 때 개보다 더 중요한 요소일 수 있다.

사료와 간식은 언제, 어떻게 줘야 하나?

사료

고양이의 사료는 크게 건조 사료와 캔 사료로 나눌 수 있다. 건조 사료에는 연령대별 일반적인 사료 외에, 비만 치료를 위한 저열량 사료와 헤어볼(hairball) 제거를 위한 사료, 털 개선 사료 등의 기능성 사료들이 있다. 캔 사료는 육류를 가공한 후 진공상태로 밀봉하여 판매하는 제품으로, 단백질과 지방 함량이 높고 소화 흡수가 용이하며 수분 함량이 높다. 따라서 수분을 잘 섭취하지 않은 고양이의 경우 캔 사료가 보다 추천된다. 수분 섭취가 부족할 경우 비뇨계 문제가 쉽게 발생하기 때문이다.

한편 고양이 사료 급여 방법으로 제한급식과 자율급식을 선택할 수 있는데, 비만 등의 이유로 중성화 수술 이후에는 제한급식이 건강에 더 좋다고 알려져 있다.

기본적으로 사료는 시간을 정해두고 같은 양을 규칙적으로 주는 것이 제일 바람직하다. 밥을 주고 난 후 20분 정도 지나면 밥그릇을 치운다.

보통 성묘의 경우 하루 2회 정도 먹이를 주는 것이 적당하며, 자묘의 경우는 아주 어릴 때는 하루에 4회 정도로 자주 급여하다가, 성묘에 가까워질수록 그 횟수를 줄여주는 것이 좋다.

하루 식사량을 결정하기 위해서는 필요한 칼로리를 계산해야 한다. 필요한 식사량은 고양이의 연령, 몸무게, 활동량, 사료의 종류와 칼로리에 따라서 달라진다. 먹이량이 너무 많으면 변이 물러지고, 먹이량이 적으면 변이 딱딱해지는 것을 참고하기도 한다.

간식

간식 급여 횟수는 고양이를 사랑하는 정도가 아니다. 최근에는 영양 부족보다 영양 과잉으로 생기는 병이 더 많다. 따라서 간식을 줄 때는 하루 급여량이 전체 일일 요구 에

너지량의 10%를 초과하지 않도록 한다. 간식의 종류는 고양이 전용 제품을 선택하며, 과일이나 채소는 완전한 육식성의 고양이에겐 적합하지 않다.

고양이에게 좋지 않은 음식

개 사료 개 사료에는 고양이에게 꼭 필요한 성분인 타우린이 들어 있지 않은 경우가 많다. 따라서 장기적으로 개 사료를 섭취하게 된다면 실명이 되거나 심장병에 걸릴 가능성이 있다.

우유 우유는 매우 유익한 음식이라고 생각하기 쉽지만, 고양이와 개는 '유당불내증'으로 젖당을 분해하는 효소가 없어 오히려 우유를 먹으면 설사를 한다. 새끼 고양이에게 우유를 먹이고 싶다면 반려동물 전용 우유를 먹여야 한다.

초콜릿 초콜릿은 극소량을 먹고도 심장과 신경에 독성으로 작용하여 죽을 수 있어 아주 위험하다. 구토, 갈증, 소화장

애, 근육경련에서부터 심하면 발작과 죽음에까지 이른다. 초콜릿에 들어 있는 테오브로민과 카페인 때문이다. 보통 개보다 고양이에게 더 치명적이다.

양파, 파 양파와 파는 독성이 있기 때문에 고양이의 적혈구를 파괴하여 빈혈을 일으키거나, 심하면 생명까지 위협할 수 있다. 양파가 많이 들어가는 자장면은 물론이고, 양파와 파로 우려낸 국물도 되도록이면 피하는 것이 좋다.

포도, 건포도 소량만 먹어도 신장병을 유발하고, 심할 경우 신부전을 일으킬 수 있다.

고양이 생식 급여

생식 급여는 고양이에게 익히지 않은 생고기를 주는 것으로, 이에 대해서는 아직 전문가들 사이에서도 논쟁이 많다. 생식을 찬성하는 사람들은, 고양이가 육식동물이기 때문에 생식이 소화에 더 도움이 되고 고양이를 훨씬 더 건강하게 만든다고 주장한다.

하지만 위생 문제와 영양 불균형 문제 때문에 미국식품의약국과 미국동물병원협회에서는 공식적으로 생식을 권장하지 않고 있다. 냉동과 해동 과정에서 각종 세균에 감염될 위험이 있고, 고양이의 분변이 반려인의 건강에도 좋지 않기 때문이다.

그러나 구충과 위생에 문제가 없고 다양한 재료를 첨가해 영양 균형을 맞추어 준다면 생식은 고양이의 건강에 도움이 될 수 있어 추천되기도 한다. 단, 이빨이 약한 경우나 소화기에 문제가 있다면 익혀주는 것이 좋다.

Tip

고양이가 먹으면 안 되는 식물

고양이는 호기심이 많아 화초에 관심을 보이며 뜯어먹거나 가지고 노는 경우가 많다. 이런 화초들 중에는 고양이에게 독이 되는 식물들이 있으니 주의해야 한다.

철쭉/진달래: 그라야노톡신이라는 독성물질이 들어 있어, 먹게 되면 골격근, 심장 근육, 신경 기능을 방해한다. 체중의 0.2%만 먹어도 독성이 있다. 비슷한 교배종인 영산홍, 자산홍, 산철쭉도 조심해야 한다.

백합: 대부분의 백합은 꽃부터 잎에 이르기까지 고양이에게 매우 치명적이다. 적은 양을 먹었을 때에도 식욕을 잃고 활력이 떨어지며 신장세포가 파괴되는 등 응급상황이 발생할 수 있다.

디펜바키아: 집 안에서 많이 키우는 공기정화 식물로, 고양이에게 점막 염증을 일으키고 입에 닿기만 해도 구강이나 눈이 붓게 된다. 심할 경우에는 신경계 이상을 일으키고 신장병까지 유발한다.

금낭화: 고양이가 금낭화를 먹게 되면 구토를 유발하고, 가만히 있어도 침을 흘리는 등 근육떨림 증상이 나타난다.

Doctor's Memo

사람 음식은 고양이에게 주면 안 되나요?

사람이 먹는 음식에는 염분이 과도하게 들어가 있어 고양이에게 건강상의 문제, 특히 신장과 심장 관련 문제를 유발할 소지가 크다. 고양이는 완전한 육식동물로 육식성 이외의 음식은 잘 소화·흡수하지 못하고 오히려 중독·폐색 등 다른 소화기 장애를 일으키며, 나아가 전신적인 문제를 일으킬 수 있다. 또한 얼마나 먹여도 되는지에 대한 명확한 기준이 제시되어 있지 않아 양을 조절하는 것도 어려운 일이다. 따라서 양념하지 않은 생고기 혹은 익힌 고기의 경우 고양이와 사람이 함께 먹어도 가능하지만, 너무 과식하지 않도록 주의해야 한다.

사람 음식을 고양이에게 주고 싶다면, 먼저 고양이가 먹어도 되는 식재료인지 확인한다. 앞에서 설명한 '고양이에게 좋지 않은 음식'을 제외하면 대체로 먹을 수 있다.

냥이가 식중독에 걸렸어요

식중독 하면 떠오르는 계절이 여름이지만, 음식 위생에 관해서는 사계절 내내 유의해야 한다. 겨울에도 따뜻한 실온에 사료를 오래 개봉해두면 변질의 위험이 있다.

고양이가 보관상 문제가 있었던 음식을 먹었을 때 일차적으로 구토·설사 등이 발생하며, 이후에도 다양한 문제가 발생할 수 있다. 사료는 유통기한이 충분히 남은 제품을 구매하고, 개봉 후에는 가급적 밀봉하여 서늘하고 건조한 곳에 보관해야 한다. 캔 사료의 경우 보통 개봉 후 보관이 잘못되면 습식이라 보다 변질될 가능성이 크므로 역시 밀봉하여 냉장 보관한다. 한번 개봉한 캔은 가급적 3일 이내에 모두 먹이는 것이 좋다. 따라서 캔 사료는 가급적 한 캔당 적은 용량의 제품을 구입하여 개봉 후 한두 번 이내에 모두 먹게 한다.

식중독 증상은 구토·설사와 같은 소화기계 증상에서부터 심각한 증상에 이르기까지 다양하게 나타날 수 있다. 가벼운 증상이더라도 즉시 병원에 가서 치료를 받는 것이 안전하다.

05

예절 바른 냥이로 기르고 싶어요

고양이는 인간과 마찬가지로 사회적 동물이며,
더불어 살아가기 위해서는 사회화 교육이 필요하다.
예절 바른 고양이로 기르고 싶다면 어렸을 때부터
이러한 교육에 신경 써야 한다.

우리는 가정교육을 통해 사회의 일원으로 다른 사람들과 더불어 살아가는 방법을 배우게 된다. 고양이도 인간과 마찬가지로 사회적 동물로, 사회화 시기 동안 어떠한 경험과 교육을 받았는지가 이들의 성격과 평생의 삶을 좌우하게 된다.

고양이는 개와 달라 흔히 '예절 교육'을 하기가 어렵다고들 하지만, 전혀 불가능한 것은 아니다. 고양이를 집에서 기르는 이상, 화장실이나 손톱 갈기 등 생활 속의 룰이 필요한 부분이 있다.

예절 바른 고양이를 위해 꼭 필요한 사회화 교육

고양이의 성장발달 단계 중 예절 바른 고양이로 키우기 위해 가장 중요한 시기는 바로 사회화 시기, 즉 최적 사회화기다. 보통 생후 2~7주경이지만 정확하지는 않으며, 고양이의 성장발달 정도에 따라서 그 시기는 차이가 있을 수 있다.

그러나 사회화 시기가 지난 후에도 학습은 꾸준히 이루어지며, 시간과 인내심이 조금 더 필요할 뿐이다.

사회화 시기 동안 배우는 것

사회화 시기 동안에는 반려묘로 평생을 살아가는 방법을 배우게 된다. 즉 어미 고양이로부터 다른 고양이와 의사소통을 하기 위한 보디랭귀지와 반려묘다운 종 특이성 행동, 물기, 쫓기, 싸우기 등의 행동을 배우게 된다. 또한 동료들과 놀이를 하면서 힘 조절을 배우고, 평생을 함께할 사람과 다른 반려동물에 대해서도 사회화가 이루어진다. 따라서 이 시기에 긍정적인 경험을 하게 되면 이러한 경험이 평생동안 지속될 수 있다.

사회화 교육

평생을 살아가면서 만나고 경험할 것들을 조금씩 모두 경험해야 한다. 다양한 사람과 동물들, 다양한 장소와 환경, 다양한 행동이 그것이다.

사회화 교육 방법

사회화 교육의 기본은 긍정적 경험이 되어야 한다는 것이다. 많이 만나고 경험하는 것이 아니라, 기분 좋게 만나고 경험해야 한다. 그래서 가장 쉽게 가르치는 방법은 다양한 장소에서 다양한 사람들이 다양한 행동을 하면서 맛있는 먹이를 조금씩 주는 것이다. 사회화 시기에는 다양한 간식을 먹기에는 너무 어리기 때문에, 먹고 있는 사료 알갱이 한두 개를 주는 것도 기분 좋은 경험이 될 수 있다. 사료

알갱이를 몇 개 먹으면서 주사를 맞고, 발톱을 깎고, 차를 타는 등 긍정적 경험을 하게 되면 평생 두려움보다는 기분 좋은 추억을 갖게 된다. 다만 고양이는 개보다는 먹이 보상에 대한 흥미가 떨어지는 경우가 많으므로 보다 신중하고 오랜 시간을 들여 교육이 이루어져야 할 필요가 있다.

고양이를 훈련시킬 때는 무언가 잘못을 했을 때 강제로 교정하거나 심하게 나무라면 안 된다. 보호자가 원하는 대로 행동했을 경우 적절한 보상을 하는 방식으로 교육을 한다. 보상을 통한 반복적인 교육을 통해 좋은 습관을 길러주고, 적절하고 바르게 행동하는 것이 스스로에게 더 좋다고 깨닫을 수 있도록 하는 것이 교육의 기본 원칙이다.

올바른 배변 습관 기르기

사람과 같이 주로 공동주택에서 살게 되는 반려묘에게 있어 올바른 배변 습관은 매우 중요하다.

고양이는 원래 정해진 장소에 배설하는 습성이 있으므로 대부분의 고양이는 태어난 지 얼마 되지 않아 화장실을 기억한다. 보통 먹고 난 뒤나 자고 일어난 후, 놀고 난 후에는 화장실에 데려가야 한다. 4시간 동안 배뇨를 참을 수 있으므로 약 3시간에 한 번씩 화장실에 데려가는 것이 좋다.

배변하는 순간에 심하게 혼내면 안 된다. 배변하는 순간에 깜짝 놀라거나 심하게 혼나면, 잘못된 장소에 배변해서 혼난다고 이해하기보다는 배변 행동 자체에 대해 체벌을 받았다고 배우기 때문이다. 이렇게 되면 사람이 보는 앞에서는 절대 배변하지 않고 화장실이 아닌 장소에 숨어서 배변하는 나쁜 습관이 생길 수 있다.

잘못된 배변 흔적을 나중에 발견해도 절대 혼내면 안 된다. 고양이는 처벌과 자신의 행동 사이의 인과관계를 거의 이해하지 못하므로 오히려 보호자를 무서워하게 되고, 이는 후에 사람에 대한 공격성 등 다른 행동학적 문제를 유발할 수 있다.

배변 교육 방법

첫날 집에 온 고양이는 밥이나 물을 먹은 후 혹은 자다 깼을 때 배설을 한다. 배설하고 싶어지면 머뭇거리며 나와서

바닥 냄새를 맡으므로, 낌새가 보이면 화장실로 데려가 배설하게 한다. 이렇게 한두 번만 해줘도 고양이는 화장실 모래가 있는 장소가 화장실이라는 것을 기억한다. 다른 장소에 몇 차례나 배설을 반복한다면 그곳에 화장실을 놓아둔다. 화장실에 대한 고양이의 선호가 다양하므로 자신의 고양이가 선호하는 화장실과 모래를 빠르게 파악해야 한다.

새끼 고양이의 경우 3주차부터, 늦어도 4주차부터 배변 훈련을 시작하면 곧잘 따라한다.

원하는 장소에 배변을 보게 하는 방법

❶ 화장실은 고양이가 들어갈 수 있을 정도로 충분히 큰 것으로 준비한다.

❷ 바닥 냄새를 맡으며 어슬렁거리고 바닥을 긁는 행동을 하면 화장실로 데려간다.

❸ 화장실에 넣을 때는 살며시 안고 부드럽게 모래 위에 얹어준다.

❹ 배변을 마치면 "잘했어"라고 말하며 부드럽게 어루만져준다. 배변을 하지 못했다 해도 꾸짖지 말고 이후에 다시 도전한다.

❺ 고양이는 천적으로부터 피하기 위해 보금자리 근처에서는 배변을 하지 않는 습성이 있으므로 되도록 먹이 주변에 화장실을 두지 않는다.

❻ 화장실은 깨끗하게 유지한다. 매일 배설물을 치우고 최대한 자주 모래를 갈아준다. 화장실의 청결함이 고양이 배변 훈련의 기본이다.

식사 시 예절 교육

식사는 하루 2~3회 시간을 정해서 사료와 신선한 물을 각각 식기에 담아준다. 식사 장소도 정하고, 먹다 흘려도 괜찮게 그릇 밑에 신문지나 비닐을 깔고 준다. 사람이 식사하고 있을 때 옆에 와도 절대 먹을 것을 주지 않는다.

식사 예절에서 가장 중요한 것은 사람이 먹는 음식은 주지 않는 것이다. 사람이 먹는 것을 주지 않는 습관을 들이면, 사람이 음식을 먹고 있어도 고양이가 조르는 일은 없다. 고양이의 건강을 위해 어렸을 때부터 적절한 고양이 전용 사료를 이용하는 것이 좋다.

냥이를 유치원에 보내야 할까요?

반려동물을 유치원에 보내는 목적은 일차적으로 동물의 사회화를 위해서이고, 이 외에도 동물이 집에 혼자 있는 시간이 길 경우 차선책으로 선택할 수 있다. 어린 시절 유치원에서 다양한 동물과 사람, 상황에 적응할 수 있도록 긍정적인 시간을 보낸 경우 이후 다양한 환경에 보다 쉽게 적응할 수 있는 가능성이 높아진다. 그러나 이미 성격 형성이 끝났고 새로운 동물, 사람, 상황을 힘들어하는 고양이를 유치원에 보내는 것은 오히려 스트레스만 유발할 수 있으므로 신중하게 고려하여 결정해야 한다. 이러한 고양이의 경우, 보호자가 없더라도 집에서 혼자 시간을 보내는 것을 더 선호할 수도 있다. 집에 오래 혼자 있는 것이 외로워 보이고 신경 쓰여 새롭게 다른 동물이나 고양이를 들이거나, 또는 유치원에 보내는 것은 보호자의 욕심일 수 있다. 고양이의 성향을 고려하여 이러한 것들을 결정하는 것이 중요하다. 혼자 있는 시간이 긴 고양이라면 보호자가 고양이와 최대한 많은 시간을 보내며 같이 놀아주는 것이 고양이에게 오히려 긍정적일 수 있다.

06

냥이랑 함께 놀아 주세요

고양이는 사회적 동물이기 때문에
고양이에게 '놀이'는 가장 기본적인 욕구 중 하나이다.
어렸을 때부터 놀이를 많이 해본 고양이가 잘 놀 수 있다.
새끼 때부터 다양한 장난감과 놀이로
기본적인 욕구를 충족시키고 스트레스를 해소시켜 줘야 한다.

고양이와 산책?

흔히 산책시키는 동물이라면 개를 떠올리지만, 고양이도 품종에 따라 산책이 가능할 수 있다. 하지만 고양이는 영역 관념이 강하고 외부에 대해 겁이 많은 편이라, 낯선 환경을 어려워하고 또 스트레스를 받아 산책이 추천되지는 않는다.

보호자 입장에서 집에만 있는 것이 안쓰러워 보일 수 있지만, 사실 고양이는 영역 동물이라 자신의 영역 안에 있는 것을 가장 행복해 한다고 한다.

그럼에도 불구하고 산책을 하고자 한다면 목줄이 아닌 가슴줄을 몸에 잘 맞도록 채우고, 지나가는 자동차나 오토바이, 자전거 소리에 놀라 예민해질 수 있으므로 조용한 길로 다니며, 만약의 경우에 대비해 이동장을 챙겨야 한다.

간혹 고양이를 입양할 때 분양 조건으로 산책냥으로 키우지 않겠다는 조건을 내세우기도 하는데, 이는 산책으로 인해 고양이를 잃어버리는 일이 많이 발생하기 때문이다.

실내에서 놀기(실내 운동)

고양이와 교감하는 데 있어서 중요한 것 중 하나는 같이 놀아주는 것이다. 놀이는 스트레스 완화와 행동 교정의 출발점이기도 하다.

실내에서 대부분을 보내는 반려동물들은 똑같은 것을 보고 똑같은 소리를 듣고 똑같은 냄새를 맡으며 지내기 때문에 지루해질 수밖에 없다.

밥그릇 대신 다양한 상호작용 장난감을 이용해서 식사시간을 즐거운 운동 시간으로 만들어준다. 난이도를 조절해서 처음에는 쉽게 먹을 수 있도록 하고, 나중에는 좀 어

| 단순히 밥그릇에서 밥을 먹는 것이 아닌 재미있는 놀이로 밥을 먹게 해준다.

렵게 먹도록 해준다.

다이어트 운동

심각한 비만인 경우에 과도한 운동은 관절에 무리가 갈 수 있다. 그래서 수의사와 상담을 한 후에 비만 치료를 위한 음식을 처방받는 것이 우선이다. 체중 감량을 할 때는 주

당 체중의 1~2%를 감량하는 것이 건강에 좋다.

운동이 가능한 상태가 되면 관절에 무리가 되지 않는 운동을 시작한다. 다양한 장난감으로 놀아주되, 과도하게 뛰어오르거나 무리해서 뛰지 않도록 적절하게 페이스를 조절해준다.

관절염이 있는 노령묘의 경우 활동성이 떨어지면서 자연스럽게 체중이 늘어나고, 늘어난 체중이 다시 관절에 무리가 된다. 관절염이 이미 진행된 상태라면 관절염 치료를 받는 것이 우선이며, 치료를 병행하며 다이어트를 한다.

다이어트를 위해서는 쉽게 밥그릇에서 밥을 먹게 하기보다는, 다양한 행동학 장난감을 이용해서 천천히 시간을 두고 먹게끔 해준다. 체중 감량을 위해서는 하루 먹을 양을 3~4회로 나눠서 먹게 하는 것이 좋다.

Doctor's Memo

쉽게 구할 수 있는 고양이 장난감

큰 돈 들이는 일 없이 구멍 난 양말 하나로도 관심을 가지고 만들어 준다면 훌륭한 고양이 장난감이 될 수 있다. 고양이는 움직이는 것에 상당한 호기심을 보이고 본능적인 사냥 욕구를 해소할 수 있으므로, 긴 막대기나 굵은 실(실 종류는 고양이가 쉽게 삼킬 수 있으니 주의) 끝에 다양한 물건을 매달아 흔드는 것만으로도 충분히 고양이를 자극할 수 있다. 비닐봉지, 박스 등을 선호하는 고양이는 그 자체만으로도 훌륭한 놀이터가 된다. 또한 굴리거나 움직여 간식이 나오게 만든 페트병이나 플라스틱병 등 역시 고양이가 재미있게 가지고 놀 수 있는 장난감으로 추천할 만하다. 단, 고양이가 장난감을 가지

고 노는 데에 익숙해질 때까지 위험하게 씹거나 삼키는 행동을 하지는 않는지 초반에는 주의 깊게 관찰하는 것이 필요하다.

또한 고양이와 놀아줄 때는 가급적 손을 직접 사용하는 것은 삼가해야 한다. 손가락 각각의 움직임과 손 자체의 움직임은 고양이에게 상당히 흥미롭고 자극적이므로, 손을 물거나 할퀴거나 잡는 등의 행동으로 놀이 욕구를 충족시킬 가능성이 높다. 어린 고양이의 경우 사람에게 큰 타격을 주지 않을 수 있으나, 이 놀이 행동을 선호하게 된 성묘의 경우 사람에게 심한 상해를 입힐 수도 있으므로 어릴 때부터 손으로 놀아주지 않도록 한다. 대신 다양한 장난감을 이용해 장난감을 통해서만 사람과 놀 수 있다는 것을 어릴 때부터 가르쳐, 이후 놀이 행동이 위험하지 않은 수준에서 멈출 수 있도록 조절해준다.

07

냥이가 이제 어른이 되었어요. 어떻게 돌봐야 하나요?

고양이는 강아지에 비해서
스스로 할 수 있는 것들이 상대적으로 많지만,
보호자들이 돌봐줘야 하는 것들도 많이 있다.

매일 필요한 케어

눈: 눈곱이나 눈물을 닦아준다. 단, 눈이 충혈되었거나 부었다면 수의사의 검진이 필요하다.

피부: 하루에 한 번 이상 빗질해 빠진 털을 정리해주고, 피부에 발진이나 각질이 있는지 피부 상태도 확인해준다.

입, 이빨: 평소와 다르게 침을 과도하게 흘리지 않는지 확인하고, 매일 양치질을 해준다.

생식기, 항문: 배뇨/배변 후나 분비물이 묻어 있으면 닦아준다.

어릴 때부터 목욕, 발톱 손질, 빗질 등에 익숙해지게 해야 한다.

매주 필요한 케어

목욕 고양이 전용 샴푸로 목욕을 시킨다.

항문낭 짜기 목욕할 때마다 항문 양쪽 아래 5시, 7시 방향의 항문낭을 아래에서 밀어 올리듯 짜준다.

발톱 관리 발톱은 스크래처를 통해 스스로 관리하게 하는 것이 가장 좋으나, 사람이 상처를 입을 수 있으므로 적절하게 잘라주어야 하는 경우도 있다.

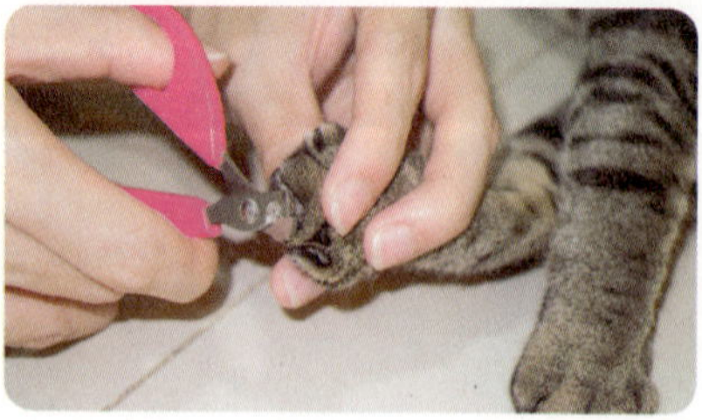

귀 청소 목욕 후에는 고양이 전용 귀 세정제로 귀 청소를 해준다.

매달 필요한 케어

심장사상충 예방 심장사상충은 모기가 옮기는 기생충성 질환으로 정기적인 예방이 필요하다. 매달 예방약을 먹였다고 하더라도 최근에는 내성으로 인하여 연 1회 검사를 하는 것이 좋다. 몇 달 동안 약을 먹이지 않다가 다시 예방약을 먹일 때는 꼭 검사를 해서 감염이 되지 않았음을 확인하고 예방을 다시 시작해야 한다.

외부 기생충 예방 실내생활을 하는 경우에도 외부 기생충에 노출될 수 있다. 진드기, 벼룩, 이, 집먼지 진드기 등을 예방하기 위해서 수의사와 상담하여 가장 적합한 예방법을 선택한다.

체중 확인 체중의 변화는 고양이 건강 변화의 지표이다. 따라서 체중 변화를 통해 건강상 문제를 예측할 수 있다. 정상체중(건강할 때 체중)에 비해 체중이 줄었다면 에너지 필요량에 비해서 영양섭취가 부족한 상황이며, 정상체중에 비해 체중이 늘었다면 영양 섭취량에 비해서 운동량이 부족한 상황이다.

6개월마다 필요한 케어

나이든 고양이의 경우 생체 시계가 더욱더 빨라져 노령묘의 6개월은 사람의 약 3년이라 할 수 있다. 따라서 1년에 한 번 검진으로 노령묘의 건강 변화를 알아내기는 무리일 수 있으므로 좀 더 자주 검진을 받는다.

매년 필요한 케어

건강검진 노령묘가 되기 이전 성묘의 경우 약 1년에 한 번 건강검진이 필요하다. 건강검진 시에는 고양이의 건강 상태를 잘 알고 있는 주치의의 추천 항목이 검사에 추가될 수 있다.

혈액검사 다양한 항목의 검사를 통해서 기본적인 건강 지표로 활용된다.

모발검사 반려동물의 모발을 이용하여 체내 유독성 중금속과 영양 미네랄을 측정하여 이에 대한 결핍 또는 과잉 상태를 평가함으로써 질병 예방, 식생활 개선, 환경 개선, 건강 회복 등에 필요한 정보로 활용한다.

방사선(X-ray) 검사 심장, 신장 등 내부 장기의 크기, 형태, 기질을 평가하고 관절염 여부 등을 평가하여 현재 건강 상태를 평가하는 지표로 활용한다.

초음파 검사 내부 장기의 기능적인 평가가 가능하고 크기,

형태, 기질을 평가하여 현재 건강 상태를 평가하는 지표로 활용한다.

요검사 요의 상태를 분석하여 관련된 장기의 건강 상태를 평가하는 지표로 활용한다.

08

냥이가 할머니/할아버지가 되었어요

고양이의 시계는 사람의 시계보다 다섯 배 빠르다고 한다.
따라서 노화도 빨리 시작된다.
보통 약 7세가 되면 노령묘로 분류된다.

몇 살부터 노령묘라고 할 수 있을까?

고양이의 시간은 사람의 시간보다 빠르다. 품종에 따라 다르기는 하지만, 보통 7세 정도가 되면 행동학적·대사적·생리적으로 큰 변화가 일어나기 시작하면서 노령묘로 분류된다. 7세가 되어 노령묘가 되었다는 것은 좀 더 특별한 관리가 필요하기 시작했다는 뜻이다.

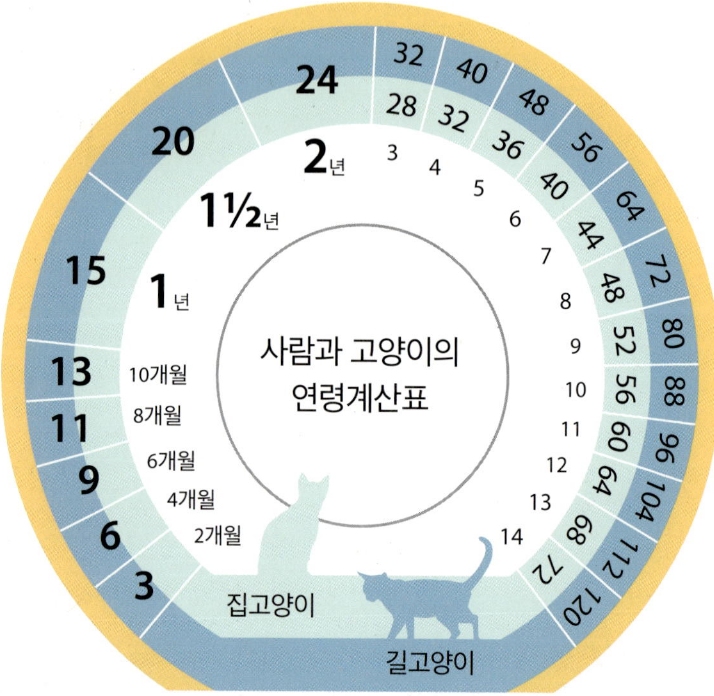

자료: 한국동물병원협회

2년령=사람 24세
그 이후 집고양이 1년=사람 4년
길고양이 1년=사람 8년

노령묘 케어를 위해 기억해야 할 것들

행동의 변화

건강에 문제가 생기면 가장 먼저 보이는 것이 바로 행동의 변화이다. 활동성, 식욕, 성격이 달라진다면 수의사와의 상담이 필요하다. 간혹 짜증이 늘거나 공격성이 생기는 경우도 있는데, 이런 경우에는 꼭 수의사와 상담해야 한다. 노령묘가 되면서 질병에 의한 통증에 의해 행동 및 성격이 변하는 경우가 많다.

건강검진

노령묘를 위해 1년에 한 번 하는 건강검진은 사람에게는 약 5~6년에 한 번 건강검진을 하는 것과 비슷하다. 노령묘에게는 최소한 6개월에 한 번 건강검진이 필요하다.

보조제

노화가 눈에 띄게 진행이 될 때에는 좋은 사료만으로 부족할 수 있다. 이럴 경우 항산화제가 포함된 영양제를 먹이는 것이 도움이 된다. 고양이를 위한 다양한 영양제가 판매되고 있지만, 수의사와 상담하여 필요한 영양제를 선택

하는 것이 좋다.

관절 건강

평상시처럼 계단을 잘 오르내리는지, 걷는 것은 문제가 없는지 확인하며, 변화가 생기면 수의사와 상담을 한다. 사람들이 만지는 것을 싫어하거나 만질 때 공격성을 보인다면 관절염에 의한 통증이 원인일 수 있다.

구강 건강

나이가 들면 치아/잇몸 건강이 나빠지게 된다. 양치질을 잘 했더라도 구강 건강을 유지하기 어렵다. 침을 과도하게 흘리지 않는지, 음식물을 먹으면서 많이 흘리지 않는지, 딱딱한 음식을 잘 먹지 못하는 것은 아닌지 자주 확인하고, 변화가 있다면 수의사와 상담을 한다.

고양이의 대표적인 노인성 질환: 치매

고양이도 치매가 올 수 있다. 7세 정도면 노령묘의 시작이며, 사람과 마찬가지로 치매가 나타날 수 있다. 10세 이상에서 좀 더 많이 발생한다.

고양이의 치매에 관해서는 사람의 치매와 마찬가지로 정확한 원인은 밝혀져 있지 않지만, 노령성 변화와 더불어 유전적 요인과 환경오염, 만성질환, 스트레스 등이 영향을 미친다고 알려져 있다.

고양이의 치매(인지장애증후군)는 사람의 알츠하이머성 치매와 가장 유사한 질병으로 증상도 비슷한 경향이 있다. 대체로 활동력 변화, 방향감각 소실, 가족과의 관계 변화, 수면의 변화, 배변 실수의 증가 같은 유형을 보인다.

사람의 알츠하이머성 치매도 완치가 불가능하고 증상을 완화시키고 질병의 진행을 늦춰주는 치료만 가능하듯이, 고양이의 치매 치료도 마찬가지다.

수의사의 처방에 따라 초기에는 보조제로 관리할 수 있고, 증상이 심해지면 약물 치료를 병행해야 한다.

노령묘가 다음 증상 중 두세 가지 이상을 나타낸다면 건강검진을 받아보는 것이 좋다. 이러한 증상은 건강상의 문제가 일차적인 요인이며, 노화로 인한 뇌의 변화도 이에 준한다.

고양이 치매 증상 체크

☐ 대소변 실수가 잦아졌다.
☐ 식욕의 변화가 느껴진다.
☐ 그루밍을 하지 않거나 혹은 과하게 한다.
☐ 활동성이 줄어들고 평소와 다른 행동을 한다.
☐ 울음소리가 변하고 많이 운다.
☐ 방향감각이 없고 걷는 속도가 느려졌다.
☐ 뛰어오르내리는 횟수가 줄어들었다.

치매 고양이 케어 방법

- 평소 행동과 성격의 변화를 체크한다.
- 병원에 가서 정밀검사를 받아본다.
- 관절이 약해진 노령묘를 위해 밥그릇과 화장실을 잠자리 근처로 옮겨준다.
- 나이가 들면서 체온조절 능력이 계속 떨어지므로 잠자리를 좀 더 따뜻하고 푹신한 것으로 바꿔준다.
- 무기력해지지 않도록 규칙적으로 놀아준다. 놀이는 치매 예방에도 큰 도움이 된다.
- 갑작스러운 환경 변화는 스트레스가 되므로 이사나 다른 동물의 입양 등은 자제한다.

09

냥이가 무지개 다리를 건너려고 해요

언제나 누구에게나 진리인 명제 하나가 태어나면 언젠가는 죽는다는 것이다.
고양이도 언젠가는 우리의 곁을 떠나게 된다.
고양이의 생체 시계가 사람의 생체 시계보다 다섯 배쯤 빠르게 흘러간다는 것이 슬프지만,
고양이과 함께했기에 다섯 배는 더 행복한 시간을 보낼 수 있었던 것이다.

이별을 위해 준비해야 할 것들

주치의와 충분히 소통

현재 고양이의 건강 상태를 가장 정확하게 알고 예후를 평가할 수 있는 사람은 주치의이다. 고양이의 건강 예후에 대하여 정확한 설명을 듣고, 고양이를 좀 더 편하게 해줄 수 있는 방법들에 대해 함께 논의한다.

필요한 의료적 도움

이별의 순간이 다가왔을 때는 질병으로 인해 고통받는 순간일 수 있다. 적절한 치료와 처치가 질병으로 인한 고통을 덜어줄 수 있다.

추억 돌아보기

고양이와의 이별의 순간이 되면 함께했던 행복한 순간들은 잊고 현재의 고통스런 순간만을 생각하게 된다. 현재는 힘들지만 그동안 함께했던 즐거운 시간들을 함께 기억하며, 만남이 있으면 이별도 있다는 것을 받아들이도록 노력한다.

추억 만들기

사랑하는 고양이와 여전히 좋은 추억을 만들 수 있다. 함께 사진을 찍거나 추억이 있는 가까운 곳에 방문하여 좋은 추억을 더 많이 만든다.

이별이 임박했을 때 대처 방법

고양이가 질병을 앓고 있다면 질병에 따라서 마지막 상태가 다를 수 있다. 주치의와 충분히 소통하여 마지막 순간이 어떠한 모습일지를 이해하는 것이 좋다. 그렇게 함으로써 죽음이 임박하였을 때 급박하게 병원으로 이송하기보다는 집에서 편안하게 맞이하도록 한다.

합법적인 반려묘 장묘 방법

고양이가 집에서 사망했을 경우 안타깝지만 생활폐기물로 분류되어 현행법상으로는 일반 쓰레기 봉투(종량제 봉투)에 담아서 폐기해야 한다. 반면 동물병원에서 사망했을 경우는 의료폐기물로 분류되어 다른 의료폐기물과 함께 폐기된다.

2016년 1월 21일부터 동물장묘업에 정식 등록된 시설에서 장례를 치르는 반려동물은 폐기물관리법이 아닌 동물보호법에 적용된다.

정식 등록된 동물 장묘업체 리스트

업체명	영업 내용	전화번호	소재지 / 홈페이지
무지개언덕	장례, 화장, 납골	044-863-7075	세종시 부강로 시목부강로 620 http://www.무지개언덕.com
파트라슈	장례, 화장, 납골	051-723-2201	부산 기장군 장안읍 좌동리 49-1 http://www.mypatrasche.co.kr
대구러브펫	장례	053-593-4900	대구 달서구 장동 50 http://dglovepet.kr
㈜하늘펫	장례	062-946-2626	광주 광산구 지죽동 409-14
㈜펫바라기	장례, 화장, 납골	031-376-3179	경기 고양시 일산동구 설문동 515-1 http://www.petbaragi.co.kr

업체명	영업 내용	전화번호	소재지 / 홈페이지
㈜아리아펫	장례, 화장	031-635-2266	경기 이천시 마장면 장암리 525-1 http://www.aria.pet
페트나라	장례, 화장, 납골	031-997-4445	경기 김포시 통진읍 귀전리 167 http://petnara.co.kr
㈜위디안 (엔젤스톤)	장례, 화장, 납골	031-981-0271	경기 김포시 하성면 양택리 251-6 http://www.angelstone.co.kr
월드펫 (하이루 추모공원)	장례, 화장, 납골	031-984-9922	경기 김포시 월곶면 개곡리 810-1 http://www.hiroopark.co.kr
아롱이천국	장례, 화장, 납골	031-766-1122	경기 광주시 오포읍 매산리 139 http://arong.co.kr
러브펫	장례, 화장, 납골	031-796-4341	경기 광주시 초월읍 지월리 712-10 http://www.러브펫.net
하늘애	장례, 화장, 납골	1588-7166	경기 광주시 초월읍 산수로 409-11 http://snara.co.kr
㈜해피엔딩	장례, 화장, 납골	1899-5127	경기 광주시 초월읍 지월리 134 http://www.wehappyending.com
㈜펫포레스트	장례, 화장, 납골	031-761-5171	경기 광주시 오포읍 문형리 749-5 http://petforest.co.kr
더 고마워	장례, 화장, 납골	031-878-7779	경기 양주시 http://www.thankyoupet.com
굿바이펫	장례, 화장, 납골	043-642-1537	충북 제천시 봉양읍 장평리 37-1 http://goodbyepet.co.kr

업체명	영업 내용	전화번호	소재지 / 홈페이지
펫로스엔젤	건조	1544-7374	충북 청주시 서원구 구미1길 37-47 http://www.petloss-angel.kr
우바스	장례, 화장, 납골	1588-6326	충북 청주시 상당구 신송서원길 120-30 http://blog.naver.com/gss1101
에이지펫	장례	1661-2272	충남 천안시 동남구 구룡동 481 http://www.agpet.co.kr
㈜좋은친구들	장례, 화장	041-858-4411	충남 공주시 우성면 보흥2길 36-61 http://goodfriend2012.com
위드엔젤	장례, 화장, 납골	041-332-8787	충남 예산군 대술면 화산리 464-1 http://www.withangel.net
펫바라기	장례, 화장, 납골	063-625-3737	전북 남원시 보절면 신파리 403 http://www.petbaragi.co.kr
영남반려동물 힐링센터	장례, 화장, 납골	1599-1627	경북 청도군 화양읍 송금리 83 http://www.youngheal.com
위드업 (메리온)	장례, 화장, 납골	055-374-6503	경남 양산시 상북면 외석리 462-2 http://www.merion.co.kr
하늘소풍	장례, 화장	055-674-2525	경남 고성군 회화면 봉오로 145-22 http://1pet.co.kr

출처: 동물보호관리시스템(www.animal.go.kr, 2018년 1월 24일 현재)

Doctor's Memo

펫로스 증후군,
이렇게 극복하자

펫로스 증후군(Pet Loss Syndrome)이란?

반려동물을 잃고 난 후 극심한 슬픔과 스트레스로 인하여 겪는 병리적 현상을 말한다.

어떤 증상을 보이나?

일상생활이 힘들 정도로 우울증, 수면장애, 무기력증 등을 경험하기도 한다.

어떻게 해야 하나?

불면증과 우울증 등이 심각한 경우에는 꼭 의사와 상담해야 한다. 그리고 반려동물을 잃어본 경험이 있는 지인들과 대화를 하여 슬픔을 표현하고 나누는 것이 좋다. 반려동물을 잊으려 하기보다는 기억할 수 있는 기념물 등을 통해 위로를 받고 충분히 추억한다.

반려동물도 동거 동물을 잃은 후에 슬픔을 느끼나?

반려동물은 사회적 동물로, 동료를 잃고 난 후에 식욕이 줄거나 구석에 들어가서 잘 움직이지 않거나 남아 있는 가족에게 과하게 애착을 가지며 따라다니는 등 다양한 행동의 변화를 보이기도 한다. 심한 경우에는 '분리불안증'의 증상을 보일 수도 있다. 이러한 경우에는 수의사와 상담을 하는 것이 좋다.

10

Q&A
고양이 케어에 대한 궁금증 20가지

Q 건강한 고양이를 알아보는 특별한 방법이 있나?

A 외형만으로 고양이의 유전적인 문제까지 파악하는 것은 매우 어려운 일이지만, 비교적 건강한 정상 상태의 고양이는 잘 먹고, 잘 자고, 잘 쉬고, 잘 논다. 그루밍을 하지 않거나 과도하게 하는 비정상적인 상황이 아닌 경우 보통 털이 깨끗하게 유지되어 있다. 얼굴이나 사타구니, 그 외의 신체 부위가 오물로 지저분한 경우 건강하지 않을 가능성이 높다. 새끼 고양이를 길에서 주웠을 경우 보통 결막염 등으로 얼굴이 지저분하며, 어미가 배변·배뇨를 보살피지 못해 엉덩이 부위가 지저분한 경우가 많다. 자극에 적절하게 반응하며 활동적이고 생기가 있는지, 식욕은 정상인지 등을 입양 전 확인하는 것이 필요하다. 또한 품종

묘의 경우 유전 계열에 대한 정보가 확실한지, 유전병이 발생할 가능성이 있는지를 반드시 분양자에게 확인해야 한다.

Q 길고양이를 입양할 때 특별히 주의해야 할 점은?

A 첫째로, 건강상의 문제를 알 수 없으므로 반드시 병원에서 종합적인 검진을 받을 필요가 있다. 길에서 생활한 경우 큰 병이 없더라도 각종 피부병이나 기생충에 노출되어 있을 가능성이 높고, 이는 사람에게도 전염될 수 있을 가능성이 있다. 또한 심장사상충 등의 감염이 흔하고 영양상태가 불균형했기 때문에 각종 문제를 가지고 있을 가능성이 있다. 그래서 반드시 입양 전 이에 대한 케어가 선행되어야 한다.

두 번째로, 과거 어떤 이력을 가지고 있는지, 그래서 성격 형성이 어떻게 되어 있는지, 어떤 것을 무서워하고, 식성은 어떤지 등의 다양한 행동학적 정보가 부족하므로 고양이가 새로운 환경에 적응할 수 있는 시간을 충분히 가져야 한다. 길에서 입양한 동물은 보통 실내생활에 대한 교육이 다시 요구되는 경우가 많으므로 인내심을 가지고 가르치는 것이 필요하다. 아주 어린 동물이 아닐 경우 여러 가지 훈련과 재교육이 장기적으로 이루어져야 하므로 이에 대한 보호자의 이해가 뒷받침되어야 한다. 중성화되어 있지 않은 고양이의 경우 새로운 환경에서 마킹 행동을 할 수 있는데, 입양 후 중성화 수술을 통해 어느 정도 이러한 행동을 조절할 수 있다.

Q 개와 고양이, 같이 키워도 될까?

A 개와 고양이는 의사소통 방법이 다르지만, 어린 시절부터 함께 자랐을 경우 서로에게 좋은 친구가 될 수 있다. 하지만 성격 형성이 이미 끝난 성견, 성묘의 경우라면 시간을 두고 서로에게 적응할 수 있는 기회를 주어야 한다. 주로 고양이는 수직적 세계, 개는 수평적 세계에 사는 동물이므로, 고양이에게 높은 곳에 공간을 따로 준다. 밥그릇, 화장실, 은신처 역시 각자 다른 위치에 준다. 특히 개가 고양이의 사료나 배변에 관심을 보이는 경우가 많으므로 고양이의 밥그릇과 화장실은 개가 접근이 가능하지 않은 곳에 위치해야 한다. 개가 고양이를 무한정으로 쫓거나, 고양이가 개를 급작스럽게 공격하거나 하는 일이 발생할 수 있으므로, 합사 후에도 어느 정도의 기간 동안에는 보호자가 사고가 발생하지는 않는지 항상 감시하고 있어야 한다.

Q 특별히 아픈 곳은 없어 보이는데 정기적인 건강검진이 필요할까?

A 동물은 말을 할 수 없고 본능적으로 자신의 통증이나 약한 부분을 숨기려고 하는 성향이 있기 때문에, 질병 상황이 행동적인 이상으로 나타날 때는 이미 늦은 경우가 많다. 따라서 정기적인 건강검진을 통해서만 문제를 조기에 발견하여 적절하게 대처할 수 있다.

Q 고양이가 너무 뚱뚱해졌는데 다이어트 사료를 먹여야 하나?

A 비만의 정도를 수의사의 진단을 통해 판단하고 목표 체중을 설정해 정해진 양의 다이어트 사료를 먹일 수 있다. 보통 집에서 생활하는 고양이는 먹는 양보다 운동량이 적고 보호자가 간식을 주는 경우가 많아 비만한 경우를 흔히 볼 수 있다. 따라서 간식은 꼭 필요한 경우가 아니면 주지 않는 것이 좋으며, 적절한 양으로 사료를 제한하고 운동을 시켜주는 것, 즉 보호자가 놀아주는 것이 필요하다. 특히 보호자가 많이 놀아주는 것은 비만뿐 아니라 다른 행동학적 문제들의 예방과 처치에도 중요하다. 비만한 고양이와 놀아줄 때에는 몸무게 대비 관절이나 뼈 등에 손상을 입지 않도록 가벼운 수준에서 시작하는 것이 좋다.

Q 고양이에게 개 사료를 먹여도 되나?

A 개와 고양이는 요구하는 영양적 부분이 다르므로 사료는 구분하여 먹이는 것이 좋다. 한 예로 고양이에게 개 사료를 지속적으로 줄 경우 타우린 성분의 부족으로 질병이 발생할 수 있다. 피치 못할 상황이 아니라면 고양이 전용 사료를 먹이는 것이 추천된다. 개 역시 마찬가지로 고양이 사료를 지속적으로 먹을 경우 고단백 성분으로 인해 살이 과도하게 찌고 건강상 다른 문제들이 발생할 수 있으므로 개 전용 사료를 먹이는 것이 좋다.

Q 비만을 유발하는 음식으로는 어떤 것이 있나?

A 모든 음식은 운동량 대비 과도하게 섭취할 경우 비만을 유발한다. 특히 간식류는 본 식사보다 열량이 과도한 경우가 많고 입맛을 까다롭게 하는 경향이 있으므로 필요한 경우가 아니라면 추천되지 않는다.

Q 먹어서 안 되는 음식을 먹었을 때는 어떻게 해야 하나?

A 집에서 처치하면서 시간을 보내기보다는, 바로 동물병원에서 수의사와 상담을 하고 적절한 조치를 하는 것이 큰 사고를 막을 수 있는 최선의 방법이다.

Q 꼭 고양이 전용 샴푸를 써야 하나?

A 고양이의 피부는 사람의 피부와 구조가 다르다. 특히 털이라는 일차적 방어벽이 있기 때문에, 사람에 비해서 상대적으로 피부가 얇고 약한 편이다. 또한 피부가 요구하는 pH가 사람과는 다른 것으로 알려져 있어 반드시 전용 샴푸를 써야 한다.

Q 털은 어떻게 관리하나? 집에서 자주 털을 깎거나 빗질을 하면 털빠짐 개선이 가능한가?

A 고양이는 털이 원래 많이 빠지는 동물이기 때문에, 고양이를 키우기 시작했다면 털 문제를 완벽하게 해결할 수는 없다. 다만 꾸준한 빗질로 어느 정도 빠지는 털을 제거할 수 있고, 모질에 좋은 영양제 등이 일부 도움이 된다고 알려져 있다.

Q 여행 갈 때 반려동물 호텔에 맡기는 것이 좋을까?

A 낯선 환경에 두었을 때 고양이는 특히 더 스트레스를 많이 받을 수 있다. 따라서 평소에 익숙하게 이용하던 호텔이 아니라면 집에 두는 것이 오히려 좋을 수도 있다. 안전 문제, 먹이, 화장실 청소 등이 단시간(~3일) 보장되는

경우라면 집에 두는 것이 좋다. 한편 최근에는 방문 펫시터가 늘어나는 추세이므로, 호텔링에 의한 스트레스를 관리해줄 자신이 없을 경우 믿을 만한 펫시터를 이용하는 것도 추천된다.

Q 차에 태울 때마다 구토를 하는데 멀미일까?

A 차에 익숙하지 않은 동물들은 차에 탔을 때 울거나 멀미를 할 수 있으며, 침을 흘리거나 구토를 할 수도 있다. 어릴 때부터 차에 익숙한 경우가 아니라면 멀미약을 처방하는 것이 좋다. 또한 자주 차를 세우고 휴식을 취하게 해준다.

Q 고양이는 물을 싫어하고 혼자서도 잘 씻는다고 하는데, 목욕은 안 해줘도 되나?

A 고양이는 스스로 그루밍을 하는 동물이지만, 특히 장모종의 경우 털이 뭉치거나 혀가 닿지 않는 부분이 있고, 머리 쪽이나 엉덩이, 사타구니 등이 더러워지는 경우도 있다. 따라서 꾸준한 빗질로 관리해주면서 이따금 오물 등으로 더러워졌을 경우 목욕을 시켜준다. 어릴 때부터 물에 익숙하도록 적응시키면 성묘가 되어서도 목욕을 싫어할

가능성이 줄어들 수 있다.

Q 고양이의 경우 하루 사료를 한꺼번에 그릇에 담아놓아도 된다는데, 괜찮을까?

A 비만이나 질병을 앓고 있지 않다면, 고양이는 하루에 여러 번 식사를 하는 습성이 있으므로 횟수를 정하지 않아도 큰 문제는 없다. 다만 더운 계절에는 신선도가 떨어지고 빨리 상하므로 주의한다. 특히 수분이 많은 사료나 직접 만든 음식은 상온에 두지 않는 것이 바람직하다.

Q 고양이 손발톱은 어떻게 관리해줘야 하나?

A 고양이는 스크레처를 통해 어느 정도 스스로 손발톱을 관리한다. 따라서 충분한 스크레처를 제공해줄 경우 손발톱 관리를 따로 하지 않아도 될 정도로 정리가 될 수 있으며, 가구 등을 긁는 행동을 어느 정도 예방할 수 있다. 또한 어릴 때부터 손발톱 깎는 것에 익숙하도록 하면 이후에도 덜 스트레스 받으며 손발톱을 관리할 수 있다. 관리가 잘 안 될 경우 손톱에 끼우는 캡 등의 보호장치들을 이용할 수 있다.

Q 고양이는 생리를 하지 않나?

A 고양이는 발정기 시 교미와 동시에 배란이 일어나 임신을 준비하므로 생리를 하지 않는 동물이다. 따라서 생식기에 혈액이 있는 경우는 비정상적인 경우로 비뇨생식기계의 다른 질환을 의심해보아야 한다. 드물게 발정기에 소량의 혈액이 섞인 분비액을 보이는 경우도 있을 수 있다.

Q 고양이는 산책을 시켜주지 않아도 되나?

A 최근 고양이를 산책시키는 보호자들이 늘어나고 있는데, 실내에서 충분한 운동과 호기심을 자극할 만한 놀거리가 있을 경우 산책은 보통 추천되지 않는다. 특히 산책 중 고양이가 탈출하여 유기묘가 되는 경우가 많으므로, 일부 분양자들은 산책 고양이로 키우지 않을 것을 조건으로 내걸기도 한다.

Q 간접흡연이 고양이에게도 피해를 주나?

A 간접흡연은 고양이뿐 아니라 동거하는 모든 사람, 동물에게 피해를 준다.

Q 사람뿐만 아니라 고양이도 펫로스에 슬퍼하나?

A 동거했던 사람, 동거했던 동물의 부재는 고양이에게도 스트레스로 작용하며, 종종 기력이 없고 식욕이 떨어지는 등 우울증과 같은 모습을 보이는 사례도 보고되고 있다.

Q 무지개 다리를 건넌 고양이를 산에 묻어도 되나?

A 현행법상 폐사한 동물을 매장하는 것은 금지되어 있다. 최근 동물 장묘업체가 늘어나는 추세이므로 관련업체를 이용하여 화장하는 것이 추천된다.